Ede der Tierfänger und andere Bildgeschichten

Zirkus Alberto

Werbung

Fliegende Untertassen

Paß auf, das ist ganz ungefährlich

Weiche Landung auf der Venus

Artistische Heimkehr

Wo ist die Brieftasche?

Praktische Nase

Spitzenleistung

Training und Vorstellung

Bärendienst

Der einsame Elefant

Keine Klingel, kein Licht und freihändig

Feierabend!

Angewandte Kunst

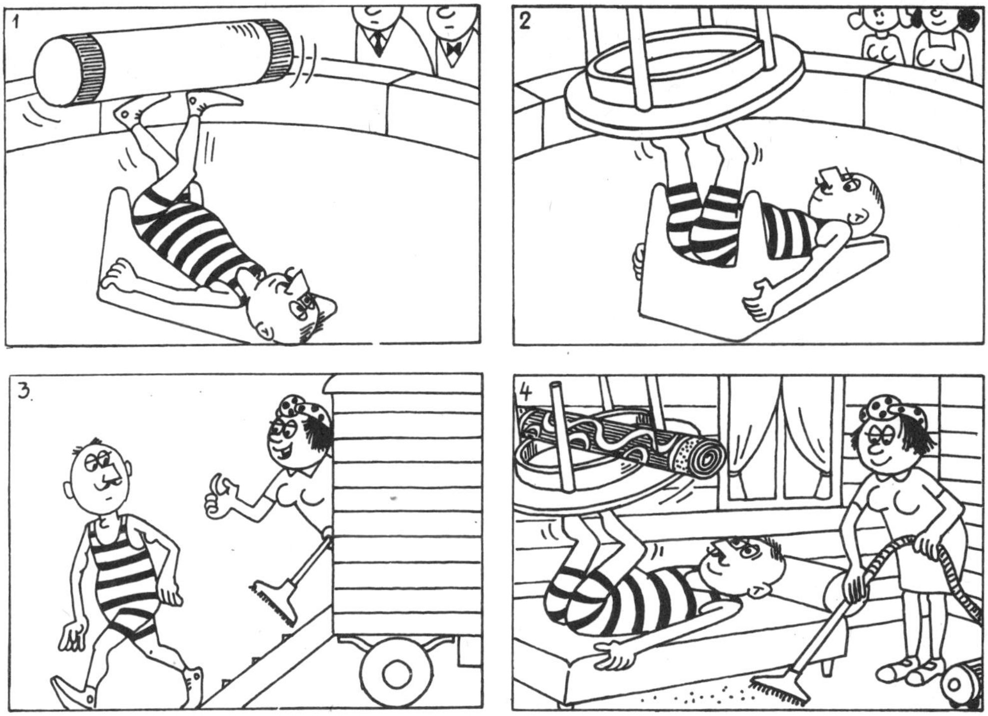

Antipodenspiele

Garantiezeit abgelaufen

Perpetuum Alberto

Die ,,Krönung"

Ventilierte Würstchen

Arbeitsschutz

Von wegen kein Geld

Ja – mit Gewalt!

Die Belohnung

Entziehungskur

Nach getaner Arbeit ist gut ruhn

Der Vorzugskunde

Das muß viel eleganter wirken

Popularität

Ede der Tierfänger

Nachahmungstrieb

Du! Du!

Durchschlagender Erfolg

Mimikry

Die Teppichfalle

Wer andern eine Grube gräbt...

Sicher ist sicher

Mit Musik fängt man nur Zirkuslöwen

Baumlandung

Auch gut!

Aufgespießt

Herdentrieb

Der Feinschmecker

Fliegende Hunde, frisch vom Baum

Angebissen

Verpackung ist alles

Kolibrifang

Der Sonntagsjäger

Vorsicht bei Giftschlangen!

40 PS gegen 1 Nil-PS

Befreiungsaktion

Bärenfang und Bienenstich

Angeschmiert

Blindekuh

Nachtragend

Der Speise-Eisbär

Mundpropaganda

Wer schläft, wehrt sich nicht

Ede der Tierparklehrling

Lange Leitung

Blinder Alarm

Der Gutenachtkuß

Tiertransport

Individuelle Tierpflege

Gefressen!

Nomen est omen

Fata Morgana

Kleider machen Leute

Aprilwetter

Frackzwang

Bauchmusikant

Der Knall-Kopp

Warnung

Handarbeit bleibt Handarbeit

Tarnung

Das Beuteltier

Der Tanzbär

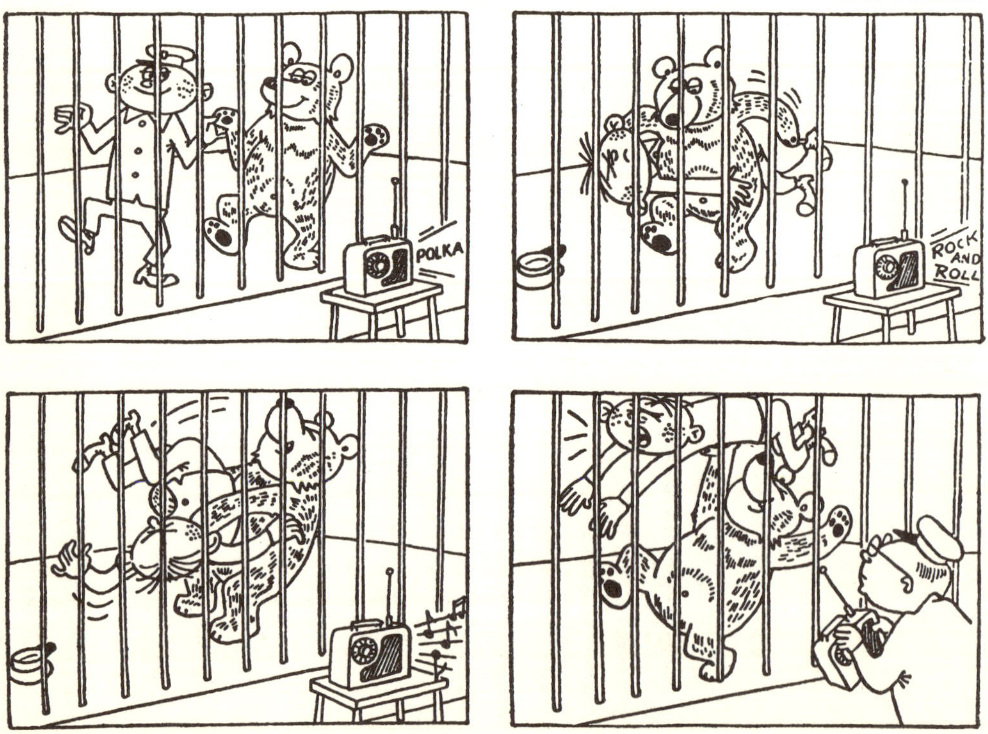

Ansteckende Faulheit

Frühstück

Foul

Rückenschrubben

Indirekte Medizin

Die Flasche ist leer!

Schwester Monika

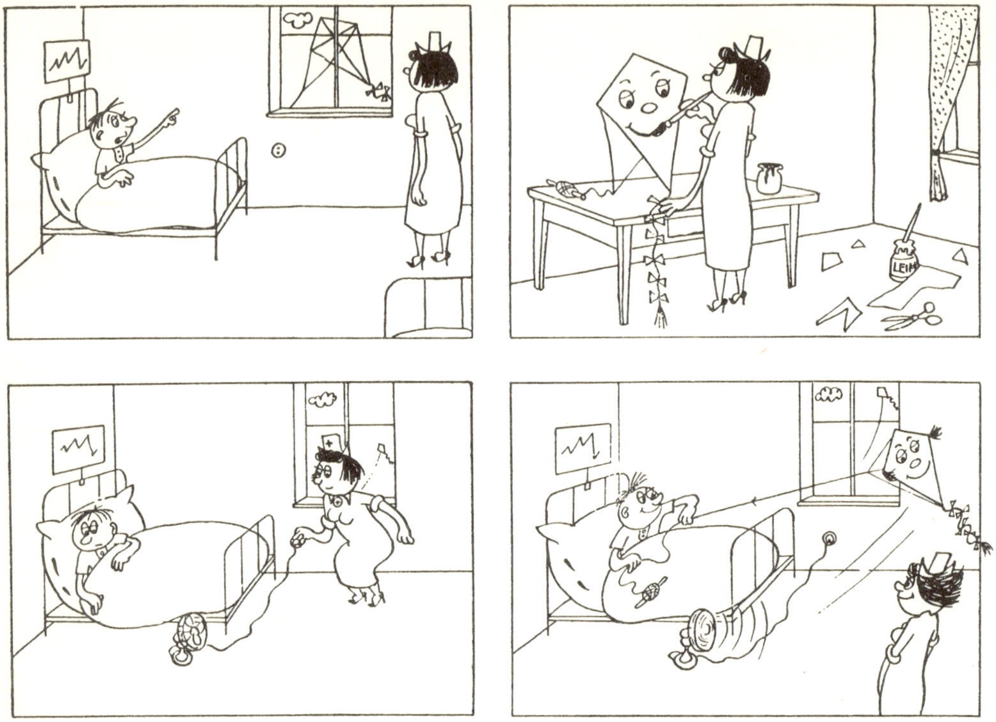

Windstärke 8 mit 220 Volt

Der Widerspenstigen Zähmung

Jetzt tut's nicht mehr weh!

Das Wunderkind

Der kalte Patient

Jetzt singt er wieder!

Der dringende Fall

Eine schwierige Operation

Jetzt fällt er nicht mehr aus dem Bett

Der kranke Matrose

Infektionsgefahr

Gutes Beispiel steckt an

Arbeitsschutz

Füttern verboten!

Der Zauberkünstler

Mutti darf sich nicht aufregen

Der Fakir

Vitamine steigern die Leistungsfähigkeit

„Ehrenwort: Der Kopf bleibt dran!“

Hilfsmittel

Nixi

„Ich finde, sie ist dir wie aus dem Gesicht geschnitten."

„Moment! Ich werfe bloß schnell die Geburtsanzeigen in den Briefkasten."

„Hoppla! Unsere Tochter ist noch nicht landrein!"

„Nun komm doch zum Vati, Nixi! Nun komm doch..."

,,Hilf mir schnell die Heringe melken.
Nixi muß jetzt die Flasche haben!"

,,Nicht so doll!
Das Kind wird ja seekrank!"

,,Da kommst du ja endlich. Lieber will
ich einen Sack Flöhe hüten, als noch
mal 'ne Stunde auf Nixi aufpassen."

,,Nein, das ist keine Flunder,
das sind Vatis Hühneraugen."

„Wo hast du dich wieder rumgesielt?
Das ganze Haar voll Muscheln.“

„Eiapopeia, mein Püppchen,
schlaf ein.“

„Ruhààà!! Geht nach unten spielen.
Ich will schlafen!

„Eine Sternschnuppe, Nixi!
Wünsch dir was!“
„Solche Flossen,
wie du hast, Vati, zum Laufen!“

„Allez-hopp, Delphi!“

„Hast du schon wieder genascht?
Da fehlen doch zwei Sardinen!“

„Da wird sich Vati aber freuen,
dem hängt der ewige Fisch
schon zum Halse raus!“.

„Na, das ist aber eine Überraschung!
Grüne Heringe!“

„,... Und da sagte das Nixlein zum Hai, der in Großmutters Bett lag: ‚Aber Großmutter, was hast du für ein großes Maul?' "

„Tauch unter, Nixi, sonst wirst du naß und kriegst 'nen Schnupfen."

„Vati, komm zu uns! In dreißig Meter Tiefe ist es ganz ruhig!"

„Nixi hat heute ihren ersten Schultag."

„Langusten sind gerade nicht greifbar. Darf es dafür ein Hummer sein?“

„Was suchst du, Vati?“

„Höher, Dicker, höher!“

„Keine Angst, mein Vati ist harmlos und gutmütig wie eine Seekuh.“

„Feine Sache, was, Vati?
Jetzt biste erst richtig komplett."

„Nun komm schon, Vati!
Du stellst dich aber auch an."

„Das ist unser Silvesterkarpfen;
der wird noch gemästet."

„Schnell hier raus, Vati! Wir sind
in den verkehrten Zug gestiegen!"

„Der ist ganz ungefährlich. Paß auf,
er frißt mir aus der Hand."

„Ekelhaft, diese Perlen
in den Muscheln. Jetzt hab ich mir
'nen Zahn ausgebissen."

„Oder lieber die violette?"

„Bringst du mich jetzt
jeden Abend ins Bett, Vati?"

„Wir müssen ihn schnell nach oben bringen, Mami! Er hat beim Gutenachtkuß zuviel Wasser geschluckt.“

„Mamatschi, schenk mir ein Pferdchen!“

„Mutti, ich glaube,
ich habe einen Wasserfloh!“

„Würden Sie so gut sein
und Vatis Füller nachfüllen?“

„Ich weiß nicht, ob ich weinen oder mich freuen soll! Vati hat mir 'ne Backpfeife gehauen und gesagt, er will mir gleich Beine machen."

„Nicht so dicke Scheiben! Wer soll denn die essen?!"

„Das ist eine Fischscheuche! Ich hab es satt. Dauernd fallen einem die fliegenden Fische auf den Kopf!"

„Guck, Mutti! Vati macht Kino: Windstärke zehn."

,,Vati, dort hinten kommt
dein Brustbild!“

,,Was ist los?
Warum haben Sie gewinkt?!“

,,Keine Angst, Mutti,
Seetang vergeht nicht.“

,,Wat heißt hier uffjefischt?
Das ist meine Tochter!“

„Für Mutti!"

„Auf Wiedersehen, Delphi!"

„Frage 32: Haben Sie jemals an einer kommunistischen Demonstration teilgenommen?"

„Etwas Birkenhaarwasser gegen die Schuppen!"
„Mir auch!"

„...Befehl vom Käptn, die Kleine
kriegt nichts. Fabelwesen
kann er nicht verbuchen."

„Mehr nach hinten, da ist es tiefer!"

„Siehst du, Nixi,
das ist das Meer der Großstadt,
von dem ich dir erzählt habe."

„Haben Sie einen wasserdichten Wagen
für meine Tochter?"

„Einen Moment, meine Tochter braucht frisches Wasser!“

„Sie müssen natürlich draußen bleiben!“

„Salzig genug, Nixi?“

„Haben Sie keine Nixenpuppen?“

„Wundervolle Perlen!
Wo haben Sie die her?“ „Oooch, die hat meine Tochter gefunden.“

„Sie muß sich eine Gräte gebrochen haben, Herr Doktor!“

„Was kostet ein Jahresabonnement?“

„Ein Eisbein und einen grünen Hering!“

,,Für mich 'n Grog ohne Wasser.
Für Nixi ein Glas Salzwasser ohne Rum.“

,,Mensch, Jonny!
Hast du kalte Flossen!“

,,Für heute genug, Nixi.
Drei goldene Uhren
und zwei silberne Zigarettenetuis.“

,,Guck mal, Vati,
der sieht aus wie ein Igelfisch.“

,,Wat denn?
Ham Sie noch nie een Hai jesehn?"

,,...Bella? Der geht es gut.
Sie hat Robby geheiratet
und hat zwei süße Kinderchen..."

,,Ich habe Ihr Inserat über Wasser- und Dauerwellen gelesen. Können Sie mir welche für die Badewanne schicken?"

,,Aber leise! Nixi schläft!"

„Darf ich zu dir kommen, Vati?“

„Natürlich, Herr Professor, erzeugt die Luft das Rauschen in der Muschel. Aber wollen Sie ihr die Illusion rauben?“

„Beeil dich mit dem Abendbrot, Nixi! Dort hinten kommt die Wasserpolizei!“

„Wo soll ich die Rettungsmedaille anheften?“

„Danke, ich brauche nur das Oberteil.“

„Weltrekord! Nixi! Weltrekord!“

„Nixi, hilf uns!
Unsere Mutti ist einem Seemann
ins Garn gegangen!“

„Langsam, langsam, bloß keine Panik!
Frauen und Kinder zuerst!“

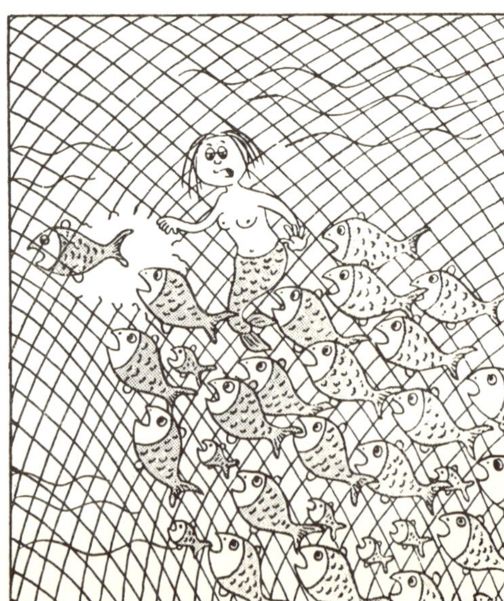

„Sehe ich jetzt wie alle anderen aus, Vati?“

„Erzähl bloß keinem, daß es gar kein Kostüm ist.“

„Ich möchte mich um die Stelle als Leuchtturmwärter bewerben. Meine Tochter kann das Wasser nicht lassen.“

„So, Nixi, jetzt kannst du wieder mitten im Wasser wohnen.“

Kollege Blech

Unheimliche Gäste

Motorisiertes Paddelboot

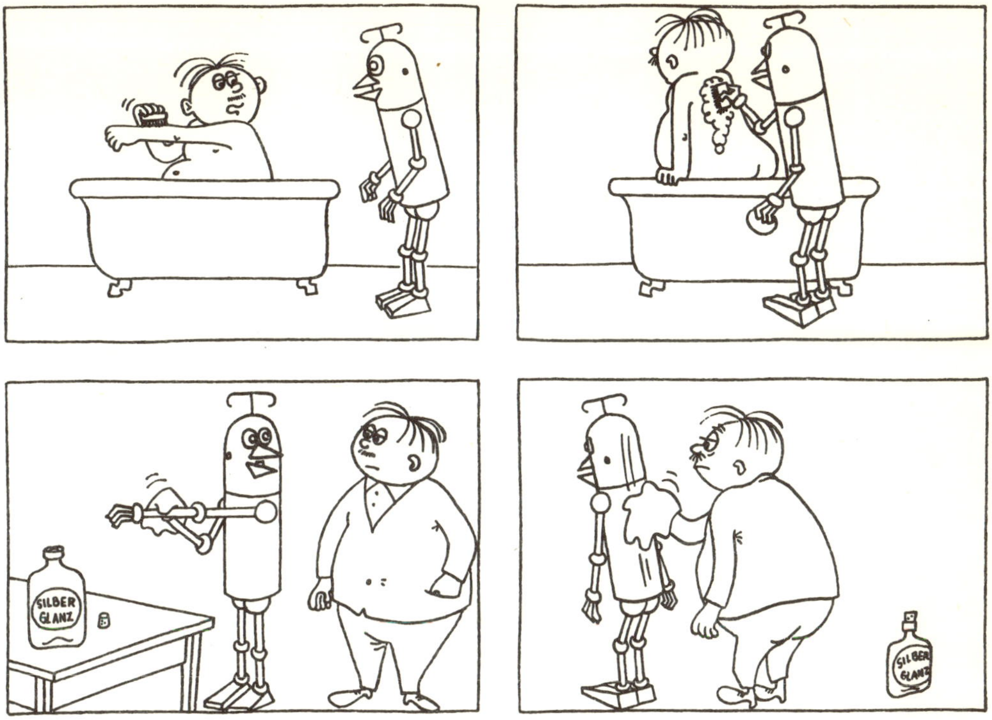

Wie du mir, so ich dir!

Jeder lacht auf seine Weise

Erste Hilfe

Von wegen ,,Schraube locker!"

Fasching

Geteilter Schmerz ist halber Schmerz

Unvollkommene Technik

Ausgedreht

Nur nicht bücken!

Bratkartoffeln à la Blech

Bestrafte Demaskierung

Schon-Sport

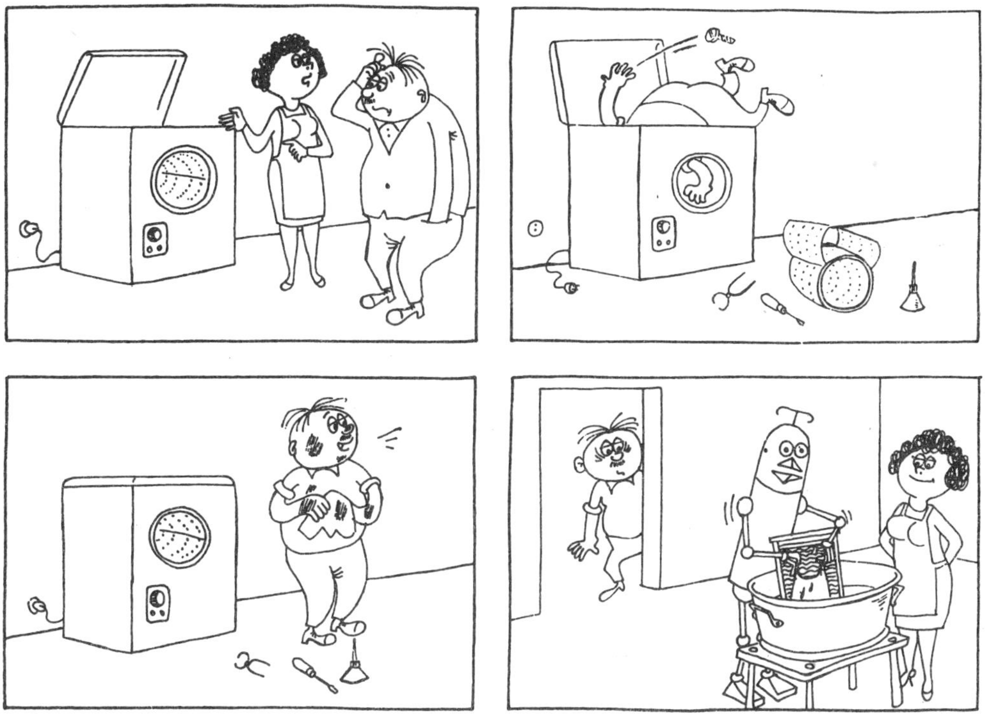

Die Waschmaschine

Vorfahren

So einfach!

Andere Interessen

Vertretung

Das Ende

Adam und Evchen

„Auf Wiedersehen!“

„Adam, ich halte es nicht mehr aus.
Ich muß wissen, was passiert,
wenn ich den roten Hebel drücke…“

„Ach, laß die dumme Rakete. Es war sowieso nicht das neueste Modell.“

„Du hast recht. Dafür gehört uns dieser herrliche Planet ganz alleine.“

„Wieso hast du Angst? Sein Gehirn ist doch kleiner als deins!“

„Nur ein Erdbeben, Evchen! Wenn wir fest zusammenhalten, bleibt der Planet ganz.“

„Erinnerst du dich noch, wie du den schönen schwarzen Schirm meines Großvaters in den Müllschlucker geworfen hast?“

„Gut, der Regen hat aufgehört. Das ändert aber nichts an der Tatsache, daß mir dieser Stern bis zum Halse steht.“

,,Fünf Semester Atomwissenschaft hast du studiert. Aber beim Feuermachen stellst du dich an wie der erste Mensch.“

,,Hast du ein Stück Papier?“
,,Ja, hier, unsere Feuerversicherung!“

,,Ich weiß nicht, was du hast. So eine Köchin wie mich findest du im Umkreis von drei Lichtjahren nicht wieder.“

,,Auf der Erde sind Froschschenkel eine Delikatesse!“

„Faß mal an, das gibt eine
wundervolle Echsenschwanzsuppe!“

„Was ich mache?
Das siehst du doch – Rührei!“

„Du solltest die Eier einmal
von woanders beziehen. Diese
hier sind nicht besonders frisch!“

„Eva! Du hast ja schon wieder
die Speisekammertür offengelassen!“

„Bedenke doch, eines Tages ist das
Biest vierundzwanzig Meter lang
und anhänglich wie ein Hund!“

„Wenn das liebe Tier erst mal groß ist
und Eier legt,
kommen die Futterkosten wieder rein!“

„Schau doch!
Sauri kann schon ‚Hohe Schule‘!“

„Pst, leise! Sonst wird er wach
und kommt uns wieder hinterher!“

,,Ein Loch in einem Stein!
Wird das eine Kette für mich?"

,,Ich habe keinen Badeanzug mit.
Wenn uns nun einer zuschaut?"

,,Beruhige dich!
Er schaut nicht herüber.
Er frißt seelenruhig... Hilfe!
Unsere Sachen!"

,,Es hat keinen Zweck.
Er hat die stärkeren Argumente."

„Ein Kleid, ein Kleid!
Einen ganzen Planeten für ein Kleid!"

„Haha, hihi – der neue Rock – haha, hihi – kitzelt so..."

„Schön an den neuen Sachen ist, daß da nie die Motten rangehen."

„Seit Tagen sprichst du kaum ein Wort.
Fehlt dir etwas?"
„Ja – ein Spiegel!"

„Na, wie gefällt dir
dieser Spiegel hier?“

„Eine heiße Quelle!
Welch ein Komfort! Jetzt haben wir
sogar fließendes Warmwasser.“

„Alles Gute ist nie beisammen.
Da hat man täglich heißes Rasierwasser
und kein Messer und keine Seife.“

„Dieser Planet ist noch sehr jung.
Der erste Mensch wird sich hier erst
in etwa fünf Millionen Jahren
entwickeln.“
„Irrtum, in etwa fünf Monaten!“

„Hurra, ich werde Vater!
Wißt ihr Spatzenhirne, was das heißt?
Jetzt beginnt das Zeitalter
der Säugetiere!“

„Von dieser Sorte noch zehn –
und wir haben eine Fußballmannschaft!
Aber gegen wen spielen wir?“

„Hosen und Röcke wachsen
an jeder Ecke, aber nirgendwo Windeln!“

„Aaaabel!“

,,Immer zu Hause herumsitzen. Nie darf ich mit anderen Kindern spielen!“

,,Schau, Mama, ich habe einen Freund zum Mittagessen mitgebracht.“

,,Mein gutes Tier!
Ohne dich hätte ich den ganzen Spinat allein essen müssen!“

,,Sag, wie gefällt dir der neue Bettvorleger?“

„Na, meine Herren?
Sitzen die Saurierlederhosen?“

„Ein Saurier und ein Saurier,
das ergibt?“
„Im günstigsten Fall
zwei Saurier und dreißig Eier.“

„Ein Ei und ein Ei sind?“
„Eine Portion Rührei!“

„Warum schneidest du den Baum
in Scheiben?
Willst du einen neuen Salat erfinden?“

„Nun kannst du endlich
dein Schwesterchen spazierenfahren."

„Du hast doch selbst gesagt,
du wolltest wieder mal fernsehen!"

„Mangels Uhr habe ich die Sonnenuhr
nach meinem Magen eingestellt."

„Besser als gar kein Konzert!"

„Willst du nicht lieber elektrisch kochen? Hier hat der Blitz eingeschlagen."

„Ehe unser unmoderner Vater auf einem Saurier reitet – lieber erfindet er das Rad!"

„Kommt sofort da herunter! Ihr werdet euch das Genick brechen!"

„Halt! Ha..."

,,Aber Väterchen, du hast selbst gesagt, man soll die örtlichen Gegebenheiten nutzen, um sicher ans Ziel zu kommen!"

,,Eine Sternschnuppe, Evchen!
Wünsch dir was!"
,,Ach ja, ich möchte wieder nach Hause."

,,Achtung, Robotpilot XR 13!
Ziehe den roten Hebel und melde,
was dann passiert!"

,,Bin in der Nacht
neben der Unglücksrakete gelandet!"
,,Gut, Robby,
beginne mit den Nachforschungen!"

,,Hallo! Hallo!"

,,Schau, Susi, eine Schildkröte, die sprechen kann. Die müssen wir Vati und Mutti zeigen!"

,,Hallo! Folgen Sie mir zum Landeplatz, dort steht eine Rakete zur Rückkehr bereit!"

,,Vati, dürfen wir unsre Lieblingssaurierchen mitnehmen?"

„Hurtig, hurtig, eh der was merkt.
Sonst müßt ihr hierbleiben.“

„. . . und dann hat eure Mutti
den roten Hebel heruntergedrückt.“
„Na, dann drücke ich
eben diesen hier wieder hoch!“

„Die Rückkehr zur Erde
hat soeben begonnen!“

„Hört endlich auf,
die verdammten Viecher zu füttern!“

„Ein historischer Augenblick. Unsere Kinder erblicken das Licht der Welt!“

„Dort sind noch zwei Passagiere. Die müssen Sie aber herausschweißen.“

„Guten Tag, Herr Direktor. Wir bringen Ihnen zwei kleine Spenden für den Tierpark!“

„Mein Name ist Professor Dathe. Ich bin der Urenkel des ersten Direktors dieses neunzehnhundertfünfundfünfzig gegründeten Tierparks.“

Die Arche Noah

„Und nun der Wetterbericht:
Ein Tief zieht über den Ozean.
Es ist mit einer Sintflut zu rechnen.“

„Eine Sintflut? Da werde ich uns
eine Arche bauen müssen.“

„Seht her, Jungs! Wir bauen
die Arche so. Alle anderen
Entwürfe sind zu utopisch.“

„Ich denke, wir können es riskieren.“

,,Kann ich statt meiner Rente
eine einmalige Abfindung bekommen?...
Ich möchte mir eine Arche bauen.“

,,Falls dieser Wald nicht reicht...
dort hinten steht noch einer!“

,,Was, davon noch
vierhundertneunundneunzig? Können wir
die Arche nicht kleiner bauen?“

,,Das sind die zwei, die sich
’ne Fahrkarte verdienen wollen!“

„Na, Noah, wie findest du das?
Für eine Seereise
gerade das Richtige, was?“

„Man hat uns ‚Entwicklungshilfe‘
angeboten. Ich denke,
wir lehnen ab, sonst wird
unsere Arche ein Kanonenboot.“

„Da ist der Holzwurm drin!“
„Gut, ich werde ihn auf der
Passagierliste gleich abhaken.“

„Man langsam, Alter! Rom wird
auch nicht an einem Tag erbaut!“

„Wir sind fertig, Noah! Und du?“

„Das geht mir viel zu langsam!
Ihr müßt im Dreiersystem arbeiten.“

„…ist die Idee mit der Arche
vielleicht von mir? – Also:
zehn für Gurken,
zwanzig für Sauerkohl…“

„Da haben wir's: ich soll die
Baupläne in siebenfacher Ausfertigung
an die Baupolizei schicken!“

,,Und wenn du zerplatzt… er wird mal der Stammvater aller Künstler!"

,,Ein Glück, daß wir soviel Pech haben!"

,,Liebe Hörer, wir erleben jetzt
die Taufe einer Arche.
Die fixe Idee eines Mannes,
der an den Wetterbericht glaubt."

,,Was soll der Unsinn?"
,,Unsinn? Das ist die
Rettungsarche für uns beide."

„Hoffentlich bekommen Sie den zweiten Band noch rechtzeitig, ich kann doch nicht die halbe Tierwelt aussterben lassen!"

„Natürlich, das Faultier!"

„Da habe ich gleich zwei Fliegen mit einer Klappe erwischt!"

„Können Sie zwei Antennenmasten gebrauchen?"

„Ich habe zwei Lenzpumpen aufgetrieben, falls wir Wasser über Bord kriegen."

„Sicher ist sicher!"

„Paß auf, Alterchen, da kommt dein Strickzeug!"

„Das ist die beste, die ich kriegen konnte! Sie steht in der Viertausend-Liter-Bewegung."

„Das ist Vorschrift –
wegen der Maul- und Klauenseuche!“

„Nun sag schon endlich, wohin mit ihm,
ich kann ihn kaum noch halten!“

„Ich habe mit Noah gesprochen.
Wenn du mich heiratest,
können wir da einziehen.“

„Wir nehmen diesen hier,
da sitzt es sich bequemer.“

„Diese beiden zur Zucht,
die anderen gepökelt.“

„Was, du weißt nicht, wie du heißt? –
Du bist ein typisches Kamel!“

„... und diesen als verbessertes
Modell mit Sozius!“

„Was heißt hier Königstiger?
Bei mir gibt’s nur Touristenklasse
und keine Fürstenappartements!“

,,Wird Lama mit ‚h' geschrieben?"
,,Kommt druff an,
wie er noch uff de Beene ist!"

,,Brüll den Jungen nicht immer so an,
und besorg dir deinen
albernen Wolf alleine!"

,,Ring frei – zur dritten und letzten
Runde im Ausscheidungskampf
um die Fahrkarte!"

,,Natürlich muß er mit!
Du bist ja zu faul,
mir die Wolle zu halten!"

„Ich hoffe, daß ihr Schweine
euch anständig benehmen werdet.“

„Ich weiß von höherer Stelle,
daß selbst dir das Wasser
bis zum Halse stehen wird!“

„Ich glaube, um Murmeltiere zu wecken,
braucht man Dynamit!“

„Er will sich nicht entlausen lassen.
Er sagt, seine Frau könne es besser.“

„So ein eingebildeter Affe!
Es ist ihm nicht komfortabel genug!“

„Nee, nee, mein Lieber,
mit dem Herzklappenfehler
kannst du nicht der Stammvater
deiner Rasse werden.“

„Tut mir leid, aber du stehst
auf dem Aussterbe-Etat!“

„Aha, die Hamster!“

,,Die Stinktiere!"

,,Wo ist denn deine Frau, Swinegel?"
,,Die steht an der Arche."

,,Die Strauße mußt du unbedingt mitnehmen! Was sollen wir Frauen uns sonst später an den Hut stecken?"

,,Lösen Sie erst Ihren Frack
auf der Pfandleihe ein!
Ich kann Sie nur im
vorschriftsmäßigen Anzug mitnehmen!"

„Ich selbst glaube zwar nicht mehr
an den Klapperstorch,
aber wir wollen die Legende
auch nicht aussterben lassen.“

„Ich mußte sie überlisten,
sie wollten nicht mit Katzen
auf einem Schiff fahren.“

„Ah, endlich mal zwei,
die wissen, wie sie heißen!“

„Er protestiert dagegen,
daß er nur eine Frau mitnehmen darf.
Das verstoße gegen die Tradition.“

,,Und wo wohnt die gute Lora?“
,,Arche Noah! – Arche Noah...“

,,Ich sage: aufmachen!
Es kann ja ein blinder Passagier
drin sein.“

,,Beeilt euch mit dem Viehzeug!
Ich habe so’n Reißen im Bein,
die Sintflut muß bald kommen!“

,,Ja, ja, is ja schon gut!
Du stehst sowieso auf der Liste.“

,,Ich rufe jetzt die Namen auf.
Wer da ist, macht ‚piep'!"

,,Wachset und mehret euch
und erfüllt die Blumenerde,
damit ich die Vögel füttern kann!"

,,Warum gehst du nicht schlafen?"
,,Ich warte noch auf die Eulen
und Fledermäuse."

Das Schlußlicht!

„Paßt!... Paßt!... Paßt!..."

„Also, Kinder, auf los geht's los!"

„Aha, jetzt geht's los!"

„So! Wegen euch lahmen Brüdern muß ich noch einen Nachtrag machen!"

,,Guck mal, was für'n Tier
du vergessen hast – das Klistier!"

,,Tut mir leid,
aber aus Platzgründen können wir nur
Nichtschwimmer berücksichtigen."

,,Da sind lauter Kalauer drin,
damit wir nach der Sintflut
noch was zu lachen haben."

,,Wohin willst du denn noch?"
,,Ich hab die Skatkarten vergessen!"

„Verflixt, wer hat die Flöhe raufgelassen? Die sollten doch ein für allemal verschwinden!“

„Sieh mal, Mutti, draußen regnet es Schusterjungen!“

„Seid vernünftig! Einer von euch muß auf die andere Seite!“

„Ist das der Dank dafür, daß ich dich mitgenommen habe? Gib das Besteck raus, ich will essen!“

„Du wolltest ja nicht hören!
Ich habe es dir
ja schon damals gesagt!"

„…Bordarrest bis Ende der Sintflut
wegen Mordversuchs
an der Gänsefamilie!"

„Wenn das so weitergeht,
wachsen mir noch Schwimmhäute
zwischen den Fingern."

„Schnell die Waschwanne!
Der Elefant ist seekrank."

,,'ne Flaschenpost mit 'ner Aufforderung vom Finanzamt. Wir sollen umgehend Lustbarkeitssteuer zahlen."

,,Das war vielleicht 'ne Idee von dir, Motten mit auf die Arche zu nehmen!"

,,Lieber Gott,
laß es doch recht lange regnen,
damit ich nicht in die Schule brauch!"

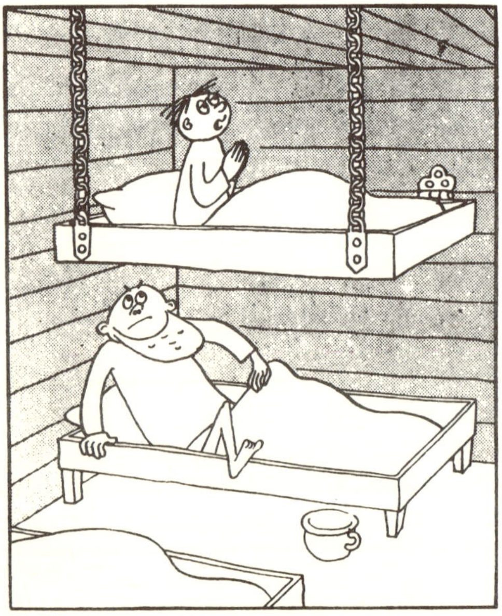

,,Na, kalt genug?"

„Glaubst du nun,
daß er ein Künstler ist? Er hat einen
Gänsemarsch komponiert."

„Bloß fressen und schlafen,
das könnte denen so passen.
Wozu sind sie Waschbären?"

„Mit dem Tode deiner braven Gattin,
mein liebes Einhorn, dürfte wohl auch
deine Rasse endgültig aussterben."

„Bildet euch bloß nicht ein, daß ihr
mir auf der Nase herumtanzen könnt!"

„Wenn die Sintflut nicht bald zu Ende ist, haben wir 'ne dreifache Archenbesatzung und gluckern ab!"

„Schnell, Jumbo, halte deinen Hintern hier drauf! Sonst sind wir verloren!"

„Aufhören!"

„Danke, das genügt!"

,,Schert euch ins Meer zurück,
jetzt kommen
wieder geordnete Verhältnisse!"

,,Was suchst du denn hier?"
,,Ein Säugetier mit sechs Buchstaben."

,,Nimm die Mütze ab, Junge!
Du erlebst
einen historischen Augenblick."

,,Um was spielen wir jetzt?"
,,Meinetwegen um Australien!"

„Land! Wieder ein Land in Sicht!“

„Endstation! Alles aussteigen!“

„Nicht mal zehn Prozent haben ‚danke schön‘ gesagt.“

„Schade, daß es noch keine Farbfotografie gibt!“

„Da ist ja dieser Kerl schon wieder
mit seiner ‚Entwicklungshilfe'.
Nun war die ganze Sintflut umsonst."

„SOS... hatten blinden Passagier
an Bord... konnte entkommen...
was tun?"

„...seht zu, daß ihr damit allein
fertig werdet... wartet
nicht immer auf Hilfe von oben..."

„Leben Sie wohl!
Und seien Sie vorsichtig,
denn der blinde Passagier
läuft heute noch herum!"

Liebe Kinder!

Immer wieder werde ich von Lesern gefragt, wie ich denn Zeichner geworden bin. So ganz genau läßt sich die Frage nicht beantworten. Als Vierjähriger soll ich aber bereits das Bedürfnis gehabt haben, das abzubilden, was ich gesehen hatte. Auf den Straßen Berlins gab es zu jener Zeit mehr Pferde als Autos. Und eines Tages nahm ich ein Stück Kreide und zeichnete auf den Fußboden unserer Wohnstube ein Pferd. Meine Mutter war sehr stolz auf ihren Sohn; wochenlang hat sie um die Zeichnung herum saubergemacht, so lange, bis alle Verwandten und Bekannten sie gesehen hatten. Mein Onkel Gustav soll gesagt haben: Mensch, det Pferd lacht ja. Von da ab bekam ich Bleistift und Papier. Ein Zeichenblock war zu teuer. Mein Vater verdiente als Briefträger nicht viel. Doch jedes Blatt Einwickelpapier wurde glattgestrichen und meiner Zeichenwut überlassen. Später in der Schule hatte ich eine Schiefertafel. Im Zeichenunterricht brauchte ich beim Osterhasenmalen nicht abzugucken. Aber alle Klassenkameraden, die sich von mir die Osterhasen malen ließen, erhielten nicht die erhoffte Zensur, weil die Lehrerin erkannte, daß Klein Erich seine erste Massenproduktion gestartet hatte. Als ich zehn Jahre alt war, zogen meine Eltern in einen anderen Stadtbezirk. An der Ecke unserer Straße befand sich eine Eisdiele mit einem großen Angebot, nicht an Eis, sondern an Illustrierten. In jedem dieser Blätter gab es eine Witzseite. Das war meine Welt. Taschengeld konnten mir meine Eltern nicht geben. Also ging ich für andere Leute einkaufen oder holte ihnen Kohlen aus dem Keller, für'n Sechser oder Groschen. Und einmal in der Woche sah ich mir in der Eisdiele bei einer Portion Eis alle Zeichnungen und Karikaturen an.

Ich freute mich, wenn das Schuljahr vorbei war. Dann bekam ich neue Hefte. In den alten waren aber immer noch ein paar leere Seiten zum Zeichnen, hurra!

Eines Tages, im Jahre 1938, wurde ich aus der Schule entlassen. Der Ernst des Lebens fing mit einer Lehre als Maschinenschlosser an. Zum Glück gab es in der Berufsschule das Fach Technisches Zeichnen. Es war kein Problem für mich, einen Hochofen zu zeichnen. Nur das lustig aussehende Bedienungspersonal wollte dem Lehrer nicht so recht gefallen.

Als der zweite Weltkrieg begann, wurde meine Lehrzeit von vier Jahren auf dreieinhalb verkürzt, weil ich Matrose werden sollte. Nun weiß ja jeder Schlagerfan, daß Matrosen einsam sind. Wer nicht singen kann, schreibt Briefe. Ich habe alle meine Briefe illustriert. Natürlich auch die Briefe meiner Freunde. Die erhielten diesmal bessere Zensuren.

Der Krieg ging endlich zu Ende, aber als Maschinenschlosser konnte ich vorerst nicht arbeiten. Die Fabriken waren kaputt. Da habe ich als Schmied und Klempner mein Geld verdient. Ich besuchte ein Abendschule für Pressezeichner, und schon recht bald wurden meine ersten Zeichnungen in einer Zeitung veröffentlicht. Langer Rede kurzer Sinn: Es gab zwei Wege zur Karikatur. Erstens: ein Studium an einer Kunsthochschule – für mich war es nicht möglich. Zweitens: zeichnen, zeichnen und nochmals zeichnen – das war möglich!

Häufig wird mir auch die Frage gestellt: Woher kommen deine Ideen? Die kürzeste Antwort ist: Aus dem Kopf. Gemeint ist das Gehirn. Das ist mein Computer, den ich mit Informationen füttern muß. Nur wenn man mit offenen Augen und Ohren herumläuft,

kann der Computer richtig arbeiten. Der kleine Erich fand die Pferde so bemerkenswert, daß er sie gezeichnet hat. Später hat er viele Karikaturen betrachtet und damit die Umwelt von der witzigen Seite sehen gelernt. Eines Tages hat er sogar gemerkt, daß er mit seinen Karikaturen Denkanstöße geben kann. Schlechte oder gedankenlose Menschen werden von mir ermahnt, gute liebevoll gezeichnet, z.B. Schwester Monika, die einen schweren Beruf hat und sehr viel Liebe und Verständnis für die Patienten aufbringt. Der Tierpark-Ede gehört auch zu meinen Freunden, deren Arbeit ich bewundere. Kollege Blech aber war meine Erfindung. Mal sehen, hab ich gedacht, was so ein Roboter in einer Familie alles anstellen kann. Aber auch hier ist die Phantasie mit Erlebtem verbunden.
Schließlich werde ich oft gefragt: Warum zeichnest du immer wieder Tiere? Ich liebe Tiere. Die Wohnung meiner Eltern war zu klein, um Tiere halten zu können. Auf dem Hinterhof stand eine Laube, die aber nur selten benutzt wurde. Dort sammelte ich in leeren Einweckgläsern Frösche, Eidechsen und Stabheuschrecken; ich hatte sogar eine Maus. Im Herbst rief meine Mutter: ,,Wo sind meine Gläser!" Und ich mußte alle meine Pfleglinge wieder in den nahen Park zurückbringen.
Als meine Söhne klein waren, sind wir zusammen auf Tierfang gegangen. Sie besaßen natürlich Aquarien und Terrarien, um die Tiere ordentlich halten und pflegen zu können. Wir haben auch gemeinsam Reisen in Städte unternommen, in denen sich ein Zoo oder ein Tierpark befand. Ich bin der Meinung: Wer gelernt hat, Tiere gut zu behandeln und ihre Eigenarten zu respektieren, der wird auch im Umgang mit Menschen ein rücksichtsvoller Partner sein.
Ich hoffe, ihr seid mit meinen Antworten zufrieden. Wenn ihr euch das Buch anseht, wird euer Computer gefüttert. Viel Spaß dabei wünscht euch

der liebe Onkel

Erich

Inhalt

ISBN 3-358-00033-8

Mit freundlicher Genehmigung des Eulenspiegel Verlages Berlin
2. Auflage 1987

Lizenz-Nr. 304-270/350/87-(55)
Gesamtherstellung: INTERDRUCK Graphischer Großbetrieb Leipzig – III/18/97
LSV 7520
Bestell-Nr. 6314670
00920